JN023994

書いて覚える

ハングル名言

李泰文 編著

白水社

装幀：折原カズヒロ

企画・編集協力：株式会社アル

本文デザイン・組版：有限会社Ｐワード

はじめに

　名言とは、人間の生き方、真理、戒めなどの真髄について、簡潔に、言いやすく、覚えやすい形にまとめた言葉や短い文章です。名言は人生の支えとなり、元気や勇気をもたらします。

　『書いて覚えるハングル名言』は朝鮮半島の歴史や社会に貢献した有名な偉人たちの言葉を「사랑（愛）」「삶（人生）」「사람（人）」の三つのテーマに分けてご紹介します。古い時代の人の言葉は漢文で残されていますが、本書では現代語訳のハングルで載せてあります。

　素敵な言葉や文章を心を込めて書いてみましょう。ハングルで名言を一文字一文字書いてみると、言葉の重みや温かさが指の先から胸に、そして全身に伝わることと思います。

　喜怒哀楽をストレートに表す民族性や国民性も表れているこの名言集は、韓国人の心を理解する近道であり、正道であるかもしれません。

**　すべては言葉からはじまる。**

**　文章に心がないと、文章は失敗する。**

　皆さんどうですか。

　本書で語りかけている人たちの心の内や魂に触れ、人生のいきがいを感じさせてくれる"言葉の力"を知ることと思います。そして、きっと"あなただけの言葉"に出会えることでしょう。

　「사랑」「삶」「사람」の三つは深い絆で結ばれて、一つも欠かせません。人として愛を持って生きる人生こそ、最も人間らしく、望ましい、生き甲斐のある生き方だと思います。

　では、一文字一文字かみしめながら、「사랑」「삶」「사람」の宝石箱を開いて、ぜひもう一つのハングルの魅力を味わってみてください。

李泰文

目　次

第3章　사람／人

第4章　속담・관용구
　　　／諺・慣用句　

本書の用い方

　母語話者である編著者が、朗読した音声があります。下記のサイトからダウンロードしてスマホやパソコンなどで聴くことができます。本文のページの ‖▶ の横の数字は音声のトラック番号を示しています。

https://www.hakusuisha.co.jp/book/ISBN9784560088715.html

1. **【読む】**　見開き左側のページに印刷されているハングルによる名言、名句を読んでみましょう。始めはカナを頼りにしてもいいですが、カナはあくまでも目安です。ダウンロードした音声を聴いて、ならって読んでみるといいでしょう。歴史や人生の積み重ねの中から出てきた言葉は、きっと心に響くものがあるはずです。

2. **【書く】**　右側のページに薄く印刷されている文字を、まずなぞってみましょう。そして、書きながら覚えてみましょう。本に直接書き込んでもいいですし、ノートを別に用意して覚えるまで何度でも書いてみましょう。

3. **【使う】**　気に入った言葉は、手紙やメッセージに添えて使ってみるのも楽しみの一つです。名言、名句を通して、気持ちを間接的に伝えたりすることができるかもしれません。使い方は自由です。

第 1 章

사랑 愛

① 김소월 金素月

이렇게 사무치게 그리울 줄도
_{イ ロ ケ サ ム チ ゲ ク リ ウル チュルド}

예전엔 미처 몰랐어요
_{イェ ジョ ネン ミ チョ モル ラッ ソ ヨ}

こんなにも胸が締め付けられるほど愛しいとは
以前はついぞ知りませんでした

金素月（キム・ソウォル、1902〜1934年）
民謡的な叙情詩の作品を残し、今も愛され続けている国民的詩人。本名は金廷湜。_{キムジョンシク}
素月は号。朝鮮の最初の近代式中等教育機関、培材学堂（現、培材大学）を卒業。情_{ペ ジェ}
と恨（ハン）を独特の律調で表現した。「ツツジの花」が代表作。（「예전엔 미처 몰랐_{イェ ジョ ネン ミ チョ モル ラッ}
어요（以前はついぞ知りませんでした）」、詩集『진달래꽃（ツツジの花）』1925）_{ソ ヨ} _{チンダル レッコッ}

이렇게 사무치게 그리울 줄도

예전엔 미처 몰랐어요

●이렇게：こんなに　●사무치게：胸が締め付けられるほど。사무치다（身に）染みる　●그리울 줄도：愛しいとは。그립다 愛しい。-ㄹ 줄도 〜であることも　●예전：以前　●-엔：〜には。-에는の縮約形　●미처：ついぞ　●몰랐어요：知りませんでした。모르다 知らない

사랑하는 것은

サ　ラン　ハ　ヌン　ゴ　スン

사랑을 받느니보다

サ　ラン　ウル　パン　ヌ　ニ　ボ　ダ

행복하나니라

ヘン　ボ　カ　ナ　ニ　ラ

愛することは
愛されることより
幸せなことなのだ

柳致環（ユ・チファン、1908〜1967年）

若い時から詩作を始め、朝鮮の解放後は中学や高校で教育に携わりながら詩集や随筆集を発表した。死と虚無を前にして人間の存在と意味を探し求めたと評価される。詩人になった動機は恋愛だと答えた彼の詩は、最愛の妻（権在順）に宛てた恋文であったが、恋多き人でもあった。（「행복（幸せ）」『문예（文芸）』初夏号、1935）

사랑하는 것은

사랑을 받느니보다

행복하나니라

_____

_____

_____

🦋 ●사랑하는〔サ ラン ハ ヌン〕：愛する〜。사랑하다〔サ ラン ハ ダ〕愛する　●것〔コッ〕：こと　●사랑〔サ ラン〕：愛　●받다〔パッ タ〕：受ける、もらう
●-보다〔ボ ダ〕：〜より　●행복하나니라〔ヘン ボ カ ナ ニ ラ〕〔幸福−〕：幸せなことなのだ。행복하다〔ヘン ボ カ ダ〕幸せだ。-니라〔ニ ラ〕
〜である、〜なのだ。古語的語尾

<ruby>삶<rt>サル</rt></ruby>의 <ruby>진리<rt>チルリ</rt></ruby>를 <ruby>알<rt>ルアル</rt></ruby>고 <ruby>싶<rt>ゴシプン</rt></ruby>은 <ruby>자는<rt>ジャヌン</rt></ruby>

다 참사랑을 알아야 한다

人生の真理を知りたい者は
みな真の愛を知らなければならない

金東仁（キム・ドンイン、1900〜1951年）
自然主義作家。東京留学中に文芸同人誌『創造』を刊行し、そこに「弱き者の悲しみ」を発表する。純文学をめざして客観と正確を試み、洗練された文体が特徴。朝鮮における近代的短編小説の確立者とされる。（「약한 자의 슬픔（弱き者の悲しみ）」『창조（創造）』創刊号、1919）

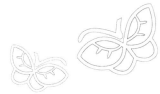

삶의 진리를 알고 싶은 자는

다 참사랑을 알아야 한다

●삶:人生 ●진리〔眞理〕:真理 ●알고 싶은:知りたい〜。알다 知る。ー고 싶다 〜(し)たい ●자〔者〕:者 ●다:全て、みな ●참ー:真の、本当の ●사랑:愛 ●알아야 한다:知らなければならない。ー아야 하다 〜(し)なければならない、〜(す)るべきだ

머리와 입으로 하는 사랑에는 향기가 없다

モリ　ワ　イブロ　ロ　ハヌン　サラン　エ　ヌン
머리와 입으로 하는 사랑에는

ヒャン　ギ　ガ　オプ　タ
향기가 없다

頭と口で述べる愛には
香りがない

金壽煥（キム・スファン、1922〜2009年）

洗礼名ステファノ、46歳で韓国初の枢機卿となる。1970年代から1980年代にかけて、独裁体制に批判的な立場をとり、韓国人は彼を人権および民主主義の守護者と称した。（箴言集『바보가 바보들에게（愚か者が愚か者たちに）』2009）

머리와 입으로 하는 사랑에는

향기가 없다

●머리:頭　●입:口　●하는:述べる～。하다 する、言う　●사랑:愛　●향기〔香氣〕:香り
●없다: ない、いない

내가 그의 이름을

불러 주었을 때

그는 나에게로 와서

꽃이 되었다

私があの人の名前を
呼んだ時
あの人は私のもとに来て
花になった

金春洙（キム・チュンス、1922～2004年）
詩人。中学、高校で教えた後に大学でも教鞭をとるかたわら詩作を続けた。教科書
にも掲載された国民的愛誦詩「花」が代表作。実験的作風で存在への探求や存在と
言語の関係を強調した。（「꽃(花)」同人誌『시와 시론(詩と詩論)』1952）

내가 그의 이름을

불러 주었을 때

그는 나에게로 와서

꽃이 되었다

●내가：私が。내는 나（私）に 一가（~が）が付く時の形　●그：あの人、彼　●이름：名前　●불러 주었을：呼んだ~。부르다 呼ぶ。 一어 주다 ~（し）てあげる　●때：時　●와서：来て。오다 来る。 一아서 ~（し）て　●꽃：花　●되었다：なった。되다 なる

김일엽 金一葉

서로 사랑하면 그뿐이다
… 과거가 무슨 소용이냐?
현재 사랑하면
그로써 족하고 또 충분하다

互いに愛していれば、それがすべてだ
…（中略）過去が何のかかわりか
今愛していれば
それで満たされ、また充分なのだ

金一葉（キム・イリョプ、1896〜1971年）

女性詩人、フェミニスト、僧侶。仏教名は荷葉、本名は金元周。朝鮮で最初の女性誌『新女子』を刊行し、女性の解放と自由恋愛を訴えた。恋愛と結婚をくり返した後、出家。韓国の現代歌曲「修徳寺の尼僧」のモデルとなった。（「노래가 듣고 싶은 밤（詩が聞きたい夜）」『동광（東光）』第31号、1932）

서로 사랑하면 그뿐이다

… 과거가 무슨 소용이냐?

현재 사랑하면

그로써 족하고 또 충분하다

_____

_____

_____

_____

●서로:互いに ●사랑하면:愛していれば。사랑하다 愛する ●그뿐이다:それがすべて
だ、それだけだ ●과거〔過去〕:過去 ●무슨:何の ●소용이냐?〔所用—〕:かかわりか、関
係か。소용 入用、使い道 ●현재〔現在〕:現在 ●그로써:それで ●족하고〔足—〕:満たさ
れ ●충분하다〔充分—〕:充分だ

그리운 그의 얼굴

다시 찾을 수 없어도

화사한 그의 꽃

산에 언덕에 피어날지어이

愛しい彼の顔
再び会えなくとも
華やかな彼の花
山に、丘に、咲くらん

申東曄（シン・ドンヨプ、1930〜1969年）

詩人。歴史と現実の認識を元に民衆詩を定着させるという先駆的役割を果たした。
扶余という地域に根ざした代表作「クムガン（錦江）」は、1894年の甲午農民戦争を
描いた文学作品の中でも特に高く評価されている。（「산에 언덕에（山に丘に）」詩集
『아사녀（阿斯女）』1963）

그리운 그의 얼굴

다시 찾을 수 없어도

화사한 그의 꽃

산에 언덕에 피어날지어이

●그리운〔クリウン〕：愛しい～。그립다〔クリプタ〕 愛しい、懐かしい　●얼굴〔オルグル〕：顔　●다시〔タシ〕：再び　●찾을 수 없어도〔チャジュル ス オプソド〕：会えなくとも。찾다〔チャッタ〕 見つける、探す。－ㄹ/을 수 없어도〔ルウルス オプソド〕 ～(す)ることができなくても　●화사한〔華奢－〕〔ファサハン〕：華やかな。화사하다〔ファサハダ〕 華やかだ　●피어날지어이〔ピオナルチオイ〕：咲くらん。피어나다〔ピオナダ〕 咲く。－ㄹ지어이〔ルチオイ〕 ～だろう、～はずだ。古語的語尾

사랑이 깊으면
<small>サ ラン イ キ プ ミョン</small>

외로움도 깊어라
<small>ウェ ロ ウ ム ド キ ポ ラ</small>

愛が深ければ
寂しさも深いものだ

千鏡子（チョン・ギョンジャ、1924〜2015年）

女性画家。1941年、東京の女子美術専門学校（現、女子美術大学）に留学。中心的なモチーフは花と旅人で自然の美しさ、生命の神秘、人間の内面世界などを大胆で鮮やかな色彩で描いた。ソウル市立美術館の常設展「永遠のナルシスト千鏡子」で作品を見られる。（エッセイ『사랑이 깊으면 외로움도 깊어라（愛が深ければ寂しさも深いものだ）』1989）

사랑이 깊으면

외로움도 깊어라

●사랑：愛　●깊으면：深ければ。깊다 深い。－면/으면 ～ならば　●외로움：寂しさ、孤独
●깊어라：深いものだ。깊다 深い。－어라 ～ものだ〈感嘆〉

님에게는 아까운 것이 없이

무엇이나 바치고 싶은 이 마음

거기서 나는 보시를 배웠노라

あなたに惜しむことなく
何でもささげたいこの心
そこから私は施す心を学びたり

李光洙（イ・グァンス、1892～1950年）
文学者、思想家。「朝鮮近代文学の祖」とも言われる作家。号は春園。1917年東京
滞在中に書いた長編小説『無情』が韓国最初の近代小説。民族主義の立場から啓蒙
主義的な作品を執筆するが、植民地支配下の圧力のもとで対日協力を余儀なくされ
る。解放後は親日派として断罪される。朝鮮戦争の際、北朝鮮の人民軍に拉致され
た後、死亡。（「애인 육바라밀（恋人六波羅蜜）」『춘원시가집（春園詩歌集）』1940）

님에게는 아까운 것이 없이

무엇이나 바치고 싶은 이 마음

거기서 나는 보시를 배웠노라

●님：あなた、愛する人。임とも言う ●아까운：惜しい〜。아깝다 惜しい、もったいない ●무엇：何 ●바치고 싶은：ささげたい〜。바치다 ささげる。-고 싶다 〜（し）たい ●마음：心、気持ち ●보시〔普施〕：施す心、広く施すこと ●배웠노라：学びたり。배우다 学ぶ。-노라 〜なのである。古語的語尾〈強調〉

동짓달 긴긴 밤의

한가운데를 베어 내어

봄바람처럼 따뜻한 이불 속에

서리서리 넣어 두었다가

정든 임이 오신 밤이면

굽이굽이 펼쳐 내리라

冬至の月の長い長い夜の
真ん中を切り取って
春風のように温かい布団の中に
ぐるぐると巻いておいて
愛しいお方がいらした夜に
そろそろと広げておこう

黄眞伊（ファン・ジニ、約1506～1567年頃）
朝鮮王朝の中宗の時、松都（現、開城）で活躍した有名な妓生。妓名は明月。漢詩や時調、音楽が得意で美貌と機知と知性を兼ね備えたと言われる。映画、テレビドラマ、オペラ、および多くの小説の題材となった。（詩調「동짓달 기나긴 밤을（冬至の月の長い長い夜を）」）

동짓달 긴긴 밤의
한가운데를 베어 내어
봄바람처럼 따뜻한 이불 속에
서리서리 넣어 두었다가
정든 임이 오신 밤이면
굽이굽이 펼쳐 내리라

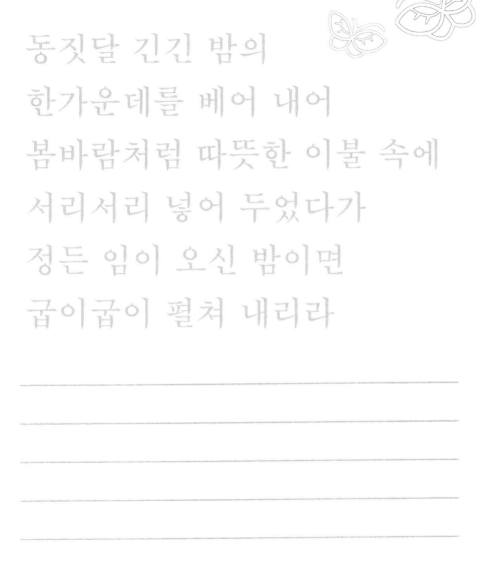

●동짓달〔冬至-〕：冬至の月、陰暦の11月　●긴긴：長い長い〜。길다 長い　●한가운데：真ん中　●베어 내어：切り出して　●따뜻한：温かい〜　●이불：布団　●서리서리：ぐるぐると　●넣어 두었다가：入れておいて　●정든〔情-〕：愛しい〜　●임：お方、慕う人、恋人　●오신：いらした〜　●굽이굽이：そろそろと　●펼쳐 내리라：広げておこう。펼치다 広げる

내가 당신을 그리워하는 것은
ネ ガ タン シ ヌル ク リ ウォ ハ ヌン ゴ スン

까닭이 없는 것이 아닙니다
ッカ ダル ギ オム ヌン ゴ シ ア ニム ニ ダ

… 당신은 나의 눈물도
タン シ ヌン ナ エ ヌン ムル ド

사랑하는 까닭입니다
サ ラン ハ ヌン ッカ ダル ギム ニ ダ

私があなたを愛おしむのには
理由がないわけではありません
…(中略) あなたは私の涙も
愛するがゆえです

韓龍雲(ハン・ヨンウン、1879~1944年)
詩人、僧侶、独立運動家。号は萬海(卍海)。「三・一独立運動」の際は民族代表33名
の一人。論著に『朝鮮仏教維新論』『仏教大典』。祖国の独立を願う気持ちを表した
88編の詩を集めた詩集『ニムの沈黙』は代表作。(「사랑하는 까닭 (愛する訳)」『님
의 침묵(ニムの沈黙)』1926)

내가 당신을 그리워하는 것은

까닭이 없는 것이 아닙니다

… 당신은 나의 눈물도

사랑하는 까닭입니다

_____

_____

_____

_____

●당신〔當身〕タンシン：あなた　●그리워하는 クリウォハヌン：愛おしむ～。그립다 クリプタ 愛しい、懐かしい　●까닭 ッカダク：わけ、理由　●없는 것이 아닙니다 オムヌン ゴシ アニムニダ：ないわけではありません。없다 オプタ ない。−는 것이 아니다 ヌン ゴシ アニダ ～のではない〈強調〉　●눈물 ヌンムル：涙　●사랑하는 サランハヌン：愛する～。사랑하다 サランハダ 愛する

얼굴 하나야

손바닥 둘로 푹 가리지만

보고 싶은 마음 호수만 하니

눈 감을 밖에

顔ひとつくらい
両掌ですっぽり隠れるけど
会いたい気持ちは湖ほどだから
目を閉じるしかない

鄭芝溶（チョン・ジヨン、1902〜1950年？）

詩人。繊細で独特な言語感覚で韓国現代詩の先駆者と呼ばれる。エキゾチズム、郷土への思い、そしてカトリック信仰から来る宗教性を持つ。朝鮮の解放後は梨花女子大学教授などとして活躍した。朝鮮戦争の中、北朝鮮の政治保衛部に拘束・移送され、1950年平壌で死亡したと言われる。詩碑が母校の同志社大学にある。（「호수（湖）」『정지용 시집（鄭芝溶詩集）』1935）

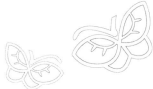

얼굴 하나야

손바닥 둘로 푹 가리지만

보고 싶은 마음 호수만 하니

눈 감을 밖에

●얼굴：顔　●하나야：ひとつくらい。하나 ひとつ　●손바닥：手のひら　●둘로：ふたつで
●푹：すっぽり　●가리지만：隠れるけど　●호수만 하니〔湖水─〕：湖ほどだから。호수 湖。
─만 하니 ～くらいするから　●눈 감을 밖에：目を閉じるしかない。눈(을) 감다 目を閉じ
る。─을 밖에 (없다) ～(す)るしか(ない)

지금 그 사람 이름은 잊었지만

그의 눈동자 입술은

내 가슴에 있어

いま、あの人の名は忘れたが
あの人の瞳と唇は
私の胸にあるんだ

朴寅煥（パク・インファン、1926〜1956年）
詩人。ソウルの鍾路で「茉莉書肆」という書店を営みながら1946年から詩を発表し始めた。現代の都市文明の退廃と憂愁を描いた。広く愛誦される代表作は「歳月が過ぎれば」「木馬と淑女」など。（「세월이 가면(歳月が過ぎれば)」『목마와 숙녀(木馬と淑女)』1976）

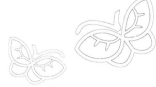

지금 그 사람 이름은 잊었지만

그의 눈동자 입술은

내 가슴에 있어

●지금〔只今〕: いま ●사람: 人 ●이름: 名前 ●잊었지만: 忘れたが。잊다 忘れる。-지만 ～だが ●눈동자: 瞳 ●입술: 唇 ●가슴: 胸、心 ●있어: あるんだ。있다 ある

チャン　ジャ　ネ　ジン　ヌ　ヌ　ロ
잔잔해진 눈으로

トゥィ　ド　ラ　ボ　ヌン　チョン　チュ　ヌン
뒤돌아보는 청춘은

ッチャル　コ　ノ　ム　ナ　ア　ルム　ダ　ウォッ　タ
짧고 너무나 아름다웠다

穏やかになった目で
振り返る青春は
短く、あまりに美しかった

朴景利（パク・キョンニ、1926〜2008年）
女性小説家。慶尚南道統営生まれ。1969年から1994年まで25年にわたって書き継がれた一大叙事詩とも言える大河小説『土地』が代表作。（「산다는 것（生きるということ）」遺稿詩集『버리고 갈 것만 남아서 참 홀가분하다（捨てていくものだけが残り、本当にさっぱりした）』2008）

잔잔해진 눈으로

뒤돌아보는 청춘은

짧고 너무나 아름다웠다

●**잔잔해진**:穏やかになった〜。잔잔해지다 穏やかになる、静まる　●**눈**:目　●**뒤돌아보는**:振り返る〜。뒤돌아보다 振り返る　●**청춘**〔靑春〕:青春　●**짧고**:短くて。짧다 短い。-고 〜(し)て、〜くて　●**너무나**:あまりに　●**아름다웠다**:美しかった。아름답다 美しい

언제든 가리

<ruby>언<rt>オン</rt></ruby><ruby>제<rt>ジェ</rt></ruby><ruby>든<rt>ドゥン</rt></ruby> <ruby>가<rt>カ</rt></ruby><ruby>리<rt>リ</rt></ruby>
언제든 가리

<ruby>마<rt>マ</rt></ruby><ruby>지<rt>ジ</rt></ruby><ruby>막<rt>マゲン</rt></ruby><ruby>엔<rt></rt></ruby> <ruby>돌<rt>ト</rt></ruby><ruby>아<rt>ラ</rt></ruby><ruby>가<rt>ガ</rt></ruby><ruby>리<rt>リ</rt></ruby>
마지막엔 돌아가리

<ruby>목<rt>モ</rt></ruby><ruby>화<rt>クァ</rt></ruby><ruby>꽃<rt>ッコチ</rt></ruby><ruby>이<rt></rt></ruby> <ruby>고<rt>コ</rt></ruby><ruby>운<rt>ウン</rt></ruby> <ruby>내<rt>ネ</rt></ruby> <ruby>고<rt>コ</rt></ruby><ruby>향<rt>ヒャン</rt></ruby><ruby>으<rt>ウ</rt></ruby><ruby>로<rt>ロ</rt></ruby>
목화꽃이 고운 내 고향으로

<ruby>조<rt>チョ</rt></ruby><ruby>밥<rt>バ</rt></ruby><ruby>이<rt>ビ</rt></ruby> <ruby>맛<rt>マ</rt></ruby><ruby>있<rt>シン</rt></ruby><ruby>는<rt>ヌン</rt></ruby> <ruby>내<rt>ネ</rt></ruby> <ruby>본<rt>ポ</rt></ruby><ruby>향<rt>ニャン</rt></ruby><ruby>으<rt>ウ</rt></ruby><ruby>로<rt>ロ</rt></ruby>
조밥이 맛있는 내 본향으로

いつでも行かん
最後には帰らん
綿の花がきれいな我が故郷へ
粟飯がおいしい我がふるさとへ

盧天命（ノ・チョンミョン、1912～1957年）
女性詩人。梨花女子専門学校（現、梨花女子大学）卒業後、新聞社や出版社で記者として働きながら詩作を続ける。朝鮮戦争の後で北朝鮮に協力したという罪で収監されたが、文人らの救命運動によって出獄。カトリックに入信し洗礼を受けた。広く愛誦される代表作「鹿」は、詩人の代名詞となっている。（「고향(故郷)」『창변(窓辺)』1945）

언제든 가리

마지막엔 돌아가리

목화꽃이 고운 내 고향으로

조밥이 맛있는 내 본향으로

●언제든：いつでも　●가리：行かん。가다 行く　●마지막：最後　●목화꽃〔木花—〕：綿の花　●고운：きれいな。곱다 きれいだ　●내：私の。나의の縮約形　●고향〔故郷〕：故郷　●조밥：粟飯（あわめし）　●맛있는：おいしい〜。맛있다 おいしい　●본향〔本郷〕：ふるさと、もともとの故郷

コラム

　사랑해요(愛しています)と 좋아해요(好きです)の使い分けは本当に難しい。逆に、비빔밥(ビビンバ)のようにごちゃまぜにして使っても 괜찮아요(大丈夫です)かも知れない。もし、韓国人に"김치 사랑해요！"と叫んだら絶対に感動するはず。韓国人から見るとそもそも愛の対象というか、愛の幅が本当に広いわけだ。恋人だけではなく、모성애(母性愛)や 형제애(兄弟愛)などの家族愛から 향토애(郷土愛)、애교심(愛校心)、애사심(愛社心)、애국심(愛国心)などのように組織や団体に対する愛を表す言葉があるのは日本と共通するが、韓国の場合、国歌も 애국가(愛国歌)で本当に愛がないと成り立たない民族性と国民性と言えるかもしれない。

　"내리사랑은 있어도 치사랑은 없다(子を思う親の愛情ほどに、子は親を愛さない)"ということわざがあるが、내리사랑は、目上の人の目下の人に対する愛情のこと。これは、子は親不孝なものだという意味より、見返りを求めない無償の愛を教えてくれる。その 내리사랑を見習って自分の子供や後輩、あるいは次の世代に惜しみなく愛を注ぐのだ。

　人は愛なしでは生きられない。それが人間同士でも、あるいは自然や動物、そして趣味や学問でも同じだ。愛することとは関心を持つことから始まり、その関心を持続的に分かち合うことを言うのではないか。その愛は 다 주어도 모자라는 것(すべてあげても足りないもの)でもあり、조금만 받아도 고마운 것(少しだけもらってもありがたいもの)でもあるのだ。だから、分かち合うことで愛はより大きくなるし、もっと温かくなる。要するに、愛は人の力でもあり、生きる力でもある。愛を通して学ぶものはただの知識とは異なる 내리 지혜(知恵)だろう。生きる知恵は愛から始まるのだ。

　最後に 천생연분(天生縁分)も紹介したい。"天から定められた(生まれた時から)結ばれている縁"といったニュアンスで、とても仲の良いカップルなどを言うことが多い。さらに、息が合う、気が合う、心が通じる人同士の嬉しい縁のことも指す。「親友」は「절친」「단짝」「베프」とも言う。「짝」は「相棒、仲間、ペア」のことで「단짝」は「親友、大の仲良し、名コンビ」のような意味になる。베프は「Best Friend＝베스트 프렌드」を縮めた言葉。

　無限の力である愛を、まずあなたの隣にいる「짝」と育んでみてはいかがでしょうか。

第2章

삶 人生

16 우장춘 禹長春

길가의 민들레는 밟혀도

꽃을 피운다

道端のたんぽぽは踏まれても
花を咲かせる

禹長春（ウ・ジャンチュン、須永長春〈すなが ながはる〉、1898〜1959年）
農学者、育種学者。日本で生まれ農学者として活躍した後、父の故郷である解放後の韓国に渡り、農業の発展に寄与する。白菜などの種子の自給体制を確立したため「韓国近代農業の父」あるいは「キムチの恩人」とも言われる。（『동아일보(東亜日報)』1950.1.22）

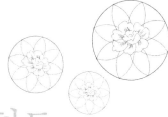

길가의 민들레는 밟혀도

꽃을 피운다

●길가_{キルカ}:道端　●민들레_{ミンドゥルレ}:たんぽぽ　●밟혀도_{パルピョド}:踏まれても。밟히다 踏まれる。－어도 ～(し)
ても　●꽃_{ッコッ}:花　●피운다_{ピウンダ}:咲かせる。피우다_{ピウダ} 咲かせる

죽는 날까지 하늘을 우러러

<ruby>チュン<rt></rt></ruby> <ruby>ヌン<rt></rt></ruby> <ruby>ナル<rt></rt></ruby> <ruby>ッカジ<rt></rt></ruby> <ruby>ハ<rt></rt></ruby><ruby>ヌルル<rt></rt></ruby> <ruby>ウ<rt></rt></ruby><ruby>ロ<rt></rt></ruby><ruby>ロ<rt></rt></ruby>

한 점 부끄럼이 없기를

<ruby>ハン<rt></rt></ruby> <ruby>ジョム<rt></rt></ruby> <ruby>プ<rt></rt></ruby><ruby>ック<rt></rt></ruby><ruby>ロ<rt></rt></ruby><ruby>ミ<rt></rt></ruby> <ruby>オプ<rt></rt></ruby><ruby>キ<rt></rt></ruby><ruby>ルル<rt></rt></ruby>

死ぬその日まで空を見上げ
一点の恥なきを

尹東柱（ユン・ドンジュ、1917〜1945年）
間島出身の詩人。民族への思いと平和への願いをこめた詩をハングルで毅然と書き
続けたが、留学先の日本で治安維持法違反で拘束され、福岡刑務所で27歳の若さで
獄死した。解放後、遺された詩集『空と風と星と詩』を友人たちが刊行すると評判
となり、特に「序詩」は国民が愛する代表作となった。同志社大学に詩碑がある。
（「서시（序詩）」『하늘과 바람과 별과 시（空と風と星と詩）』1948）

죽는 날까지 하늘을 우러러

한 점 부끄럼이 없기를

●죽는：死ぬ～。죽다 死ぬ ●날：日 ●하늘：空 ●우러러：見上げ。우러르다 仰ぐ。–어 ～(し)て ●한 점〔一 点〕：一点 ●부끄럼：恥 ●없기：なき、ないこと。없다 ない、いない

인생은 실험이 아니라
실행이다

인 센 운 시 로 미 아 니 라

시 렌 이 다

人生は実験ではなく
実行である

李箱（イ・サン、1910～1937年）
詩人、小説家。本名は金海卿。総督府内務局建築課の技士として就職。日本語の建築
雑誌『朝鮮と建築』の表紙の図案募集に応募し入選したこともある。難解で実験的な
手法で独特の世界を描いている作風で天才と評価され、特に「날개(翼)」が有名。27
歳という若さで滞在先の東京で死亡。(「12월 12일(12月12日)」月刊『조선(朝鮮)』
1930)

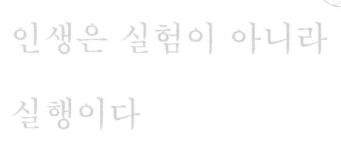

인생은 실험이 아니라
실행이다

예술은 진실의 힘이
비바람을 이긴 기록이다

芸術は、真実の力が
風雨に打ち勝った記録である

李仲燮（イ・ジュンソプ、1916〜1956年）
画家。歴史の波や貧しい生活の中でも純粋な童心や芸術魂で絵を描き続けた。5歳の頃、リンゴを与えると先ずは絵を描いてから食べたという。1935年東京帝国美術学校（現、武蔵野美術大学）西洋画科に入学したが1年で中退し、文化学院に転校。解放後、作品制作に打ち込むが朝鮮戦争の混乱の中、妻子と生き別れになる。貧苦のもとで生涯を終える。（弟子のキム・ヨンファンに語った言葉、1954）

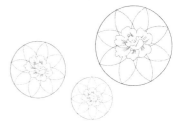

예술은 진실의 힘이

비바람을 이긴 기록이다

●예술〔藝術〕：芸術　●진실〔眞實〕：真実　●힘：力　●비바람：風雨　●이긴：打ち勝った〜。
이기다 打ち勝つ、勝つ。 −ㄴ 〜(し)た〜　●기록이다〔記録−〕：記録である

47

인생은 반환점 없는 마라톤이라 할 수 있다

<ruby>인<rt>イン</rt></ruby> <ruby>생<rt>セン</rt></ruby><ruby>은<rt>ウン</rt></ruby> <ruby>반<rt>パ</rt></ruby><ruby>환<rt>ヌァン</rt></ruby><ruby>점<rt>チョ</rt></ruby> <ruby>없<rt>モム</rt></ruby><ruby>는<rt>ヌン</rt></ruby>

<ruby>마<rt>マ</rt></ruby><ruby>라<rt>ラ</rt></ruby><ruby>톤<rt>ト</rt></ruby><ruby>이<rt>ニ</rt></ruby><ruby>라<rt>ラ</rt></ruby> <ruby>할<rt>ハル</rt></ruby> <ruby>수<rt>ス</rt></ruby> <ruby>있<rt>イッ</rt></ruby><ruby>다<rt>タ</rt></ruby>

人生は折り返し点のない
マラソンだと言える

孫基禎（ソン・ギジョン、1912〜2002年）
マラソンの金メダリスト。1936年8月のベルリンオリンピックに日本代表として
出場し、当時のオリンピック新記録となる2時間29分19秒2でアジア地域出身とし
て初めてマラソンで金メダルを獲得。大韓民国建国後は韓国の陸上チームのコーチ
や陸連会長などを務めた。（自叙伝『나의 조국 나의 마라톤(私の祖国、私のマラソ
ン)』1983）

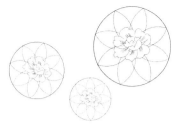

인생은 반환점 없는

마라톤이라 할 수 있다

──────────────────

──────────────────

──────────────────

──────────────────

●인생〔人生〕: 人生　●반환점〔返還點〕: 折り返し点　●없는: ない〜。없다 ない　●마라톤: マラソン　●‐이라 할 수 있다: 〜だと言える。하다 する、言う

고기는 씹을수록 맛이 난다

그리고 책도

읽을수록 맛이 난다

肉は噛むほど味が出る
そして書物も
読むほど味が出る

世宗大王（セジョンデワン、1397〜1450 年）
朝鮮王朝第 4 代王。漢字の読めなかった国民を哀れんで、1446 年ハングル（訓民正音）を頒布し、儒教の理想とする王道政治を展開したとして朝鮮歴代最高の聖君と評価され「大王」が付される。子供から老人まで幅広い層に尊敬されている人物で1 万ウォン札の肖像画となっている。（『세종실록（世宗実録）』1454）

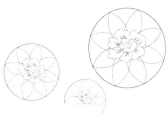

고기는 씹을수록 맛이 난다

그리고 책도

읽을수록 맛이 난다

●고기：肉　●씹을수록：噛むほど。씹다 噛む。−을수록 ～（す）るほど　●맛：味　●난다：
出る。나다 出る　●그리고：そして　●책〔册〕：書物、本　●읽을수록：読むほど。읽다 読む

뜻이 서지 않으면
만사가 성공하지 못한다

志が立たなければ、
すべてにおいて成功できない

李珥（イ・イ、1536〜1584年）

儒学者。号は栗谷。李退渓とならぶ二大朱子学者と称される。李退渓の主理説に対し主気説を展開した。5千ウォン紙幣の肖像画となっている。5万ウォン札の肖像画の女性書画家の申師任堂は李珥の母。（『성학집요（聖学輯要）』1575）

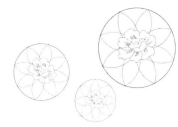

뜻이 서지 않으면

만사가 성공하지 못한다

●뜻: 志、意味　●서지 않으면: 立たなければ。서다 立つ。－지 않다 ～（し）ない、～ではない。
－으면 ～（す）れば　●만사〔萬事〕: すべて、万事　●성공하지 못한다〔成功－〕: 成功できな
い。성공하다 成功する。－지 못하다 ～できない

시련은 있어도
<ruby>시<rt>シ</rt></ruby> <ruby>려<rt>リョ</rt></ruby><ruby>ㄴ은<rt>ヌン</rt></ruby> <ruby>있<rt>イッ</rt></ruby><ruby>어<rt>ソ</rt></ruby><ruby>도<rt>ド</rt></ruby>

실패는 없다
<ruby>실<rt>シル</rt></ruby> <ruby>패<rt>ペ</rt></ruby><ruby>는<rt>ヌン</rt></ruby> <ruby>없<rt>オプ</rt></ruby><ruby>다<rt>タ</rt></ruby>

試練はあっても
失敗はない

鄭周永（チョン・ジュヨン、1915〜2001 年）
現代グループ創業者。江原道(現、北朝鮮側)の貧しい農民の子として生まれ、自動車修理工場の経営から次々に事業を広げ、朝鮮戦争後の韓国経済の復興に大きく貢献した。金剛山の観光事業にも力を入れた。（自叙伝『시련은 있어도 실패는 없다（試練はあっても失敗はない）』1991）

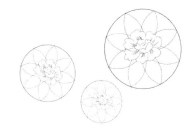

시련은 있어도

실패는 없다

●시련〔試鍊 / 試練〕：試練　●있어도：あっても。있다 ある、いる。−어도 〜（し）ても　●실패〔失敗〕：失敗　●없다：ない、いない

<ruby>강<rt>カン</rt></ruby><ruby>함<rt>ハ</rt></ruby><ruby>으<rt>ム</rt></ruby><ruby>로<rt>ロ</rt></ruby><ruby>는<rt>ヌン</rt></ruby>

다투지 않는 것보다

더 강한 것이 없다

강함으로는

다투지 않는 것보다

더 강한 것이 없다

強さにおいては
争わないことより
強いことはない

李之菡（イ・ジハム、1517〜1578年）
学者。土を積んで作った家で隠遁生活していて、号は「土亭」となった。学門の幅
が広く、特に天文、地理、易学、運勢学に通暁し、著書とされる運勢書『土亭秘訣』
は現在も運勢鑑定書として有名。（漢詩「대인설（大人説）」『토정유고（土亭遺稿）』
1652）

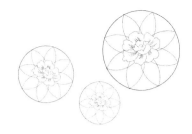

강함으로는

다투지 않는 것보다

더 강한 것이 없다

●강함[強−]:強さ　●다투지 않는 것보다:争わないことより。다투다 争う。−지 않다 ～(し)ない。것 こと、もの。−보다 ～より　●더:より、もっと　●강한 것이 없다[強−]:強いことはない。강하다 強い。−ㄴ 것이 없다 ～なことはない

57

배움은 깨달음이다
ペ ウ ムン ッケ ダルム ミ ダ

깨달음은 그릇된 것을
ッケ ダル ムン ク ルッ テン ゴ スル

아는 것이다
ア ヌン ゴ シ ダ

学ぶことは悟ることだ
悟ることは、誤りを
知ることだ

丁若鏞（チョン・ヤギョン、1762〜1836年）
学者。文学、哲学、工学、科学、行政の分野で活動して、朝鮮王朝第22代王の正祖
の改革を支えた一人。現実の問題に対応できなくなった生理学に代わり、実用的に
ものを考える実学を集大成した最高の実学者。西洋の学問にも造詣が深く、天主教
弾圧事件で地方に流刑になった際にはその地で多くの著作をなした。（「서문（序文）」
『아언각비（雅言覚非）』1819）

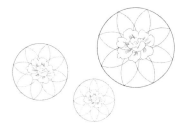

배움은 깨달음이다

깨달음은 그릇된 것을

아는 것이다

●배움:学ぶこと。배우다 学ぶ、習う　●깨달음:悟ること、悟り。깨닫다 悟る　●그릇된
것:誤り、誤ったこと。그릇되다 誤っている　●아는 것:知ること。알다 知る、わかる

싫증 나는 것은
（シル　チュン　ナ　ヌン　ゴ　スン）

예술이 아닙니다
（イェ　ス　リ　ア　ニム　ニ　ダ）

飽きが来るものは
芸術ではありません。

崔承喜（チェ・スンヒ、1911～1969年？）
舞踊家。16歳のとき京城（現、ソウル）公演に来ていたモダンダンスの石井漠に師事
し日本に渡ってモダンバレエを学び、現代舞踊の手法を用いて朝鮮舞踊の発展に尽
した先駆者。1936～1940年欧米に巡演して国際的舞踊家となる。解放後は北朝鮮
に夫や娘とともに渡り活躍するが、その後失脚。（「崔承喜舞踊教育院」キム・ヨン
スン院長の回顧インタビュー、月刊『한국경제21（韓国経済21）』2012. 3）
（ハン　グッキョンジェ）

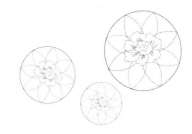

싫증 나는 것은

예술이 아닙니다

●싫증 나는 [-症 -]〔シルチュン ナ ヌン〕：飽きが来る〜。싫증 (이) 나다 飽きが来る〔シルチュン ナダ〕　●예술〔藝術〕：芸術〔イェスル〕　●-이
아닙니다〔アニムニダ〕：〜ではありません。아니다 (〜では)ない、違う〔アニダ〕

애증을 넘는 것이
<small>エ　ジュン　ウル　ノム　ヌン　ゴ　シ</small>

마음의 평화를 얻은 소이며
<small>マ ウ メ　ピョン ファ ルル　オ ドゥン　ソ イ ミョ</small>

愛憎を超えることが
心の平和が得られるもの

韓雪野（ハン・ソリャ、1900〜不明）

小説家。本名は韓秉道、ペンネームは万年雪、H生等。日本への留学を経て1927年朝鮮プロレタリア芸術家同盟（KAPF）に参加、中心メンバーとなった。朝鮮総督府により検挙され、釈放後は郷里の咸興に戻り仕事をしながら代表作「黄昏」を完成させる。解放後は北朝鮮で文化・教育相、労働党中央委員、作家同盟中央委員会委員長などを勤め、文化・政治の両面で指導的役割を果した。1962年粛清された後、消息不明。（「황혼（黄昏）」、『조선일보（朝鮮日報）』1936年2月5日〜10月28日連載）

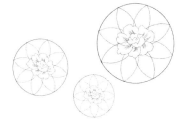

애증을 넘는 것이

마음의 평화를 얻은 소이며

포기하는 것은
실패하는 것보다 못한
죄악이다

放棄することは、
失敗することに劣る
罪悪だ

李鍾郁（イ・ジョンウク、1945〜2006年）

医学者。元世界保健機関（WHO）事務局長。国連傘下の国際機構を率いる長としては初めての韓国人。ソウル大医学部在学中からハンセン病患者の治療奉仕に携わるなど感染症対策に尽力したことから、「ワクチンの皇帝」とも呼ばれる。（『옳다고 생각하면 행동하라（正しいと思ったら行動しろ）』2007）

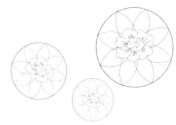

포기하는 것은

실패하는 것보다 못한

죄악이다

●포기하는〔抛棄ー〕：放棄する～。포기하다 放棄する、諦める　●실패하는〔失敗ー〕：失敗する～。실패하다 失敗する　●못한：劣る～。못하다 劣る　●죄악〔罪惡〕：罪惡

ムオッ クァ ド パ ックル ス オム ヌン
무엇과도 바꿀 수 없는

スン グ メ ヨン ホン ヌル カ ジ ミョン
순금의 영혼을 가지면

セ サン イ ハ ナ ド トゥ リョプ チ アン タ
세상이 하나도 두렵지 않다

何物にも代えられない
純金の魂を持てば、
この世で怖いものは何もない

許蘭雪軒（ホ・ナンソロン、1563〜1589 年）
女性詩人。本名は許楚姫。蘭雪軒は号。弟はハングル最古の小説『洪吉童伝』の作者許筠。当時は女性による詩作が認められず批判された。死後、遺稿が中国（明）に渡り、「蘭雪軒集」が刊行され、日本へは1711 年文台屋次郎兵衛が紹介した。「韓国の紫式部」として近年、評価が高まる。（『난설헌집(蘭雪軒集)』1606）

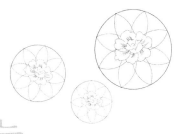

무엇과도 바꿀 수없는

순금의 영혼을 가지면

세상이 하나도 두렵지 않다

●무엇：何物　●바꿀 수 없는：代えられない〜。바꾸다 代える、変える。−ㄹ 수 없다 〜
(す)ることができない　●순금〔純金〕：純金　●영혼〔靈魂〕：魂　●가지면：持てば。가지다
持つ。−면 〜(す)れば　●세상〔世上〕：この世、世間　●하나도：何も、一つも　●두렵지 않
다：怖くない。두렵다 怖い。−지 않다 〜くない

마음의 눈을 바로 뜨고

그 실상을 바로 보면

산은 산이요, 물은 물이다

心の目を確かに開けて
その実像を確かに見れば、
山は山であり、水は水なのである

性徹 スニム（ソンチョル スニム、1912〜1993年）＊スニムは仏僧にたいする敬称
僧侶。現代仏教を代表する禅僧で徹底的な修行と無所有の人生で、修行者はもちろ
んすべての人々に「現代の釈迦」として仰ぎ敬われた。1981年、性徹和尚が曹渓宗
の宗正（代表者）に就任したときの法話。（法話集『산은 산이요 물은 물이로다（山は
山であり、水は水なのである）』2006）

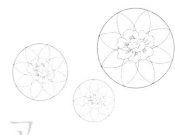

마음의 눈을 바로 뜨고

그 실상을 바로 보면

산은 산이요, 물은 물이다

●마음:心、気持ち　●눈:目　●바로:確かに、真っすぐ　●뜨고:開けて。뜨다 開ける　●그:その　●실상〔實像〕:実像　●보면:見れば。보다 見る　●산〔山〕:山　●물:水

말은 마음의 '소리' 이다

… 티끌만큼이라도

꾸민 데가 없으면

여기서 대중의 감격이 생긴다

言葉とは、心の「声」である
…(中略) ちりほども
偽るところがなければ
ここに人々の感動が生まれる

鄭寅普(チョン・インボ、1893~1950年)
歴史学者、政治家。延禧専門学校(現、延世大学)などで教鞭をとる。「東亜日報」
に連載した『朝鮮五千年の精神』は1946年に『朝鮮史研究』として出版された。
1948年大韓民国の初代監察委員長に選任され、1950年朝鮮戦争の中で北朝鮮に連
行され、消息不明。(『신생(新生)』2巻、4号、1929)

말은 마음의 「소리」이다

… 티끌만큼이라도

꾸민 데가 없으면

여기서 대중의 감격이 생긴다

●말:言葉 ●마음:心、気持ち ●소리:声、音 ●티끌만큼:ちりほど ●꾸민:偽る〜。꾸
미다 偽る、装う、作りあげる ●없으면:なければ。없다 ない ●여기서:ここに ●대중〔大
衆〕:人々、大衆 ●감격〔感激〕:感動、感激 ●생긴다:生まれる。생기다 生まれる

내게는 두 개의 조국이 있다
네게눈 투 게에 초구기 잇타

하나는 나를 낳아 준 곳이고
하 나 눈 나 룰 나 아 주 코 시 고

하나는 나에게 삶의 혼을
하 나 눈 나 에 게 살 메 호 눌

넣어 주고
노 오 주 고

내가 묻힐 곳이다
네 가 무 칠 코 시 다

私には二つの祖国がある
一つは私を生んでくれた所であり
もう一つは私に人生の魂を
吹き込んでくれて
私が土になる場所である

李方子（イ・バンジャ、1901〜1989年）

最後の皇太子妃。日本の元皇族で梨本宮家の第一王女子として生まれ、李垠（旧大韓帝国、高宗の第七皇子）に嫁した。日本の敗戦により王族の身分を失い、一般人になり1963年李垠と共に韓国に渡り、夫の死後は社会福祉事業に身を捧げて「韓国の母」呼ばれた。（回顧録『세월이여 왕조여（歳月よ、王朝よ）』1984）

내게는 두 개의 조국이 있다
하나는 나를 낳아 준 곳이고
하나는 나에게 삶의 혼을
넣어 주고
내가 묻힐 곳이다

_____

_____

_____

_____

●내게:私に。나에게の縮約 ●두 개〔- 箇〕:二つ ●조국〔祖國〕:祖国 ●하나:一つ ●나:私 ●낳아 준:生んでくれた〜。낳다 生む、産む。−아 주다 〜(し)てくれる ●곳:所 ●삶:人生、生きること ●혼〔魂〕:魂 ●넣어 주고:吹き込んでくれて。넣다 吹き込む、入れる ●묻힐:土になる〜。묻히다 埋まる

무소유란 아무것도 갖지 않는다는 것이 아니라 불필요한 것을 갖지 않는다는 뜻이다

所有しないとは、何も
持たないということではなく
不必要なものを
持たないという意味だ

法頂 スニム（ポプチョン スニム、1932〜2010年）＊スニムは仏僧にたいする敬称

僧侶。朝鮮戦争の悲劇を経験することで生と死について苦悩し、真理の道を求め出家した。1971年咸錫憲、張俊河などとともに「民主守護国民協議会」を結成して民主化運動にも参加した。1994年市民運動「清く香しく」を立ち上げて先導した。法文集、随想録、編著など40冊あまりの著書がある。散文集『無所有』が有名。（『무소유（無所有）』1976）

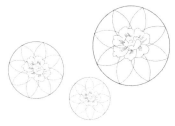

무소유란 아무것도

갖지 않는다는 것이 아니라

불필요한 것을

갖지 않는다는 뜻이다

●무소유〔無所有〕:所有しないこと 　●아무것도:何も　●갖지 않는다:持たない。갖다 持
つ、所有する。−지 않다 ～(し)ない　●아니라:(～では)なく、違う　●불필요한〔不必要−〕:
不必要な～。불필요하다 不必要だ　●뜻:意味

コラム

　韓国語の“삶^{サム}”は「人生、暮らし、生きること」を意味する。動詞살다^{サルダ}の名詞形で、義務的なニュアンスのある“살기^{サルギ}(生きること)”とは違って、自然体でありのままに暮らす姿をいう。また、“살리다^{サルリダ}(生かす、救う、養う)”の名詞形の“살림^{サルリム}(生活、暮らし、財政)”は、家族や仲間、国や国民を生かすこと、救うこと、養うことだと言ってもいいだろう。

　幸せな人生とは何か。人は成長して人と巡り会って、ある人は結婚もして살림을 차리고^{サルリムルチャリゴ}(所帯をもち)、살림을 꾸리고^{サルリムルックリゴ}(家事を切り盛りし)、살림하다^{サルリマダ}(生活する)。世の中のいろんな살림살이^{サルリムサリ}(暮し向き)がある中で、살림이 궁하다^{サルリミクンハダ}(暮らしが貧しい)ということもあるし、살림이 넉넉하다^{サルリミノンノカダ}(暮らし向きが豊かだ)ということもあるはず。しかし、問題は金銭的価値より보람^{ボラム}(やり甲斐、生き甲斐)だと思う。限られた生活の中でも보람^{ボラム}を感じながら一日一日を満喫する살림꾼^{サルリムックン}(やりくりの上手な人)もいる。

　その意味で何年か前から韓国社会で流行ってる「소확행^{ソファケン}(小確幸)」という言葉も覚えてもらいたい。“소소하지만 확실한 행복^{ソソハジマンファクシランヘンボク}(小さくて些細でも確かな幸せ)”の短縮形。お金では買えないし、二度とない、代えられない大切な今この瞬間。その些細な幸せをつかんで、日々を積み重ねて、喜んで生きることこそ幸福の本当の姿かもしれない。

　好きな言葉に알뜰살뜰^{アルットゥルサルットゥル}(家計をうまくやりくりする様子)と알뜰하다^{アルットゥラダ}がある。特に、形容詞の알뜰하다^{アルットゥラダ}は「つつましく抜け目がない、しっかりしている、まめまめしい、節約する」などの意味で、お買い得や節約の意味の알뜰 매장^{アルットゥルメジャン}(アルトゥル売り場)や알뜰 시장^{アルットゥルシジャン}(アルトゥル市場)、알뜰 주부^{アルットゥルチュブ}(アルトゥル主婦)などの派生語もある。

　贅沢にはきりがない。自分の居場所で頑張ることや今を満喫することを忘れずに少しずつ前に前にと進めば、人生の最後で自分を振り返ってみる時に悔いはないだろ。

　私の母は억척스럽다^{オクチョクスロプタ}(がむしゃらだ、粘り強い)という言葉どおりの、厳しい現実に立ち向かって生きた억척댁^{オクチョクテク}(がんばり屋)だった。엄마 고마워요.^{オムマコマウォヨ}사랑해요.^{サランヘヨ}(お母さんありがとう。愛しています。)

　슬픔은 나누면 반이 되고^{スルプムンナヌミョンパニテゴ}　悲しみは分かち合うと半分になり
　기쁨은 나누면 배가 된다^{キップムンナヌミョンペガトェンダ}　喜びは分かち合うと倍になる

第 3 章

사람 人

기품을 지키되 사치하지 말고

キ プ ム ル　チ キ ドェ　サ チ ハ ジ　マ ル ゴ

지성을 갖추되 자랑하지 말라

チ ソ ヌ ル　カッ チュ ドェ　チャ ラン ハ ジ　マル ラ

気品は守ってもおごらず
知性を備えてもひけらかすな

申師任堂（シン・サイムダン、1504〜1551年）
画家。李栗谷こと李珥の母。良妻賢母の鑑とされる。詩文・絵画のすべてに秀で、刺繍も得意とした。絵画にあっては、山水、葡萄、竹、梅花、そして花鳥と虫など多様な素材を得意とした。最も尊敬される女性として5万ウォン札の肖像画となっている。（『신사임당의 어머니 리더십（申師任堂の母親リーダーシップ）』2009）

기품을 지키되 사치하지 말고

지성을 갖추되 자랑하지 말라

●기품〔氣品〕：気品　●지키되：守っても。지키다 守る。–되 〜（し）ても　●사치하지 말고〔奢侈－〕：おごらず。사치하다 おごる、ぜいたくする。–지 말고 〜（せ）ず　●지성〔知性〕：知性　●갖추되：備えても。갖추다 守る。–되 〜（し）ても　●자랑하지 말라：ひけらかすな。자랑하다 ひけらかす、自慢する。–지 말라 〜（す）るな

사람은 언어로
<small>サ ラ ム ン　　オ ノ ロ</small>

한때의 쾌감을 얻으려 해서는
<small>ハン ッテ エ　クェ ガ ムル　オ ドゥ リョ　ヘ ソ ヌン</small>

안 된다
<small>アン ドェン ダ</small>

人は、口先だけで
一時の心地よさを得ようとしては
いけない

正祖（チョンジョ、1752～1800年）
朝鮮王朝の第22代王。諱は祘（サン）。祖父は第21代王の英祖。政治的な派閥による対立がある中で大きな業績を残した。図書館としての機能を持つ奎章閣を設置し、水原に華城を建設した。父（思悼世子）が祖父（英祖）の命令によって米櫃の中に閉じ込められ、8日後に餓死してしまうという辛い記憶を持っていた。（『정조 이산 어록（正祖李祘語録）』2008）

사람은 언어로

한때의 쾌감을 얻으려 해서는

안 된다

●사람：人 ●언어〔言語〕：言語、言葉 ●한때：一時 ●쾌감〔快感〕：心地よさ、快感 ●얻
으려 해서는：得ようとしては。얻다 得る。–으려 하다 ～(し)ようとする。–어서는 ～と
しては ●안 된다：いけない。안 되다 いけない、だめだ

정말 말처럼

チョン　マル　マル　チョ　ロム

무서운 무기도 없다

ム　ソ　ウン　ム　ギ　ド　オプ　タ

本当に言葉ほど
恐ろしい武器はない

李丙燾（イ・ビョンド、1896〜1989年）
歴史学者。普成専門学校（現、高麗大学）を出て、早稲田大学で史学を学び、その後京城
帝国大学文理科教授となり、解放後も文教部長官などを歴任。「実証史学」の中心的な
学者。（『두계잡필（斗渓雑筆）』1956）

정말 말처럼

무서운 무기도 없다

●정말〔正-〕:本当に　●말:言葉　●무서운:恐ろしい〜。무섭다 恐ろしい　●무기〔武器〕:武器　●없다:ない、いない

<ruby>저<rt>チョ</rt></ruby> <ruby>달<rt>タ</rt></ruby><ruby>은<rt>ルン</rt></ruby> <ruby>비<rt>ピ</rt></ruby><ruby>록<rt>ロㇰ</rt></ruby> <ruby>작<rt>チャ</rt></ruby><ruby>으<rt>グ</rt></ruby><ruby>나<rt>ナ</rt></ruby>

저 달은 비록 작으나

<ruby>온<rt>オン</rt></ruby> <ruby>천<rt>チョ</rt></ruby><ruby>하<rt>ナ</rt></ruby><ruby>를<rt>ルル</rt></ruby> <ruby>비<rt>ピ</rt></ruby><ruby>추<rt>チュ</rt></ruby><ruby>는<rt>ヌン</rt></ruby><ruby>구<rt>グ</rt></ruby><ruby>나<rt>ナ</rt></ruby>

온 천하를 비추는구나

あの月はたとえ小さくとも、
この世のすべてを照らすのか

金玉均（キム・オッキュン、1851〜1894年）
思想家、政治家。朝鮮王朝の独立党の指導者。朝鮮の近代化を目指し、日本・中国と同盟し3国でアジアの衰運を挽回するべきだという「三和主義」を唱えた。1884年開化派の領袖として朴泳孝（パクヨンヒョ）らと親清派の閔氏政権打倒を計画して甲申政変を起こし、新政府に加わったが3日で失敗。その後日本に亡命し、後に暗殺された。（5歳の時に作った漢詩「월수소조천하（月雖小照天下）（ウォルス ソ ジョチョ ナ）」）

저 달은 비록 작으나

온 천하를 비추는구나

●저:あの　●달:月　●비록:たとえ　●작으나:小さくとも。작다 小さい。-으나 ～としても、～だが　●온 천하〔- 天下〕:この世のすべて。온 すべての。천하 天下　●비추는구나:照らすのか。비추다 照らす。-는구나 ～のか

욕심이 많으면
ヨクシミマヌミョン

뜻이 혼미해지고
ットゥシホンミヘジゴ

일이 많으면
イリマヌミョン

과로하게 된다
クァロハゲトェンダ

欲が深いと
心が乱れ、
用が多いと
過労するだけだ

許浚（ホ・ジュン、1539〜1615年）
医官。朝鮮王朝の宮中の内医院にて医官として従事したのち、国王の病気を治療する侍医として活躍した。医学書『東醫寶鑑』を完成させ、当時の漢医学に新風を巻き起こした。（『동의보감（東醫寶鑑）』1610）

욕심이 많으면

뜻이 혼미해지고

일이 많으면

과로하게 된다

●욕심 〔慾心〕：欲 　●많으면：深いと。많다 深い、多い。−으면 〜だと 　●뜻：心、志、意味
●혼미해지고 〔昏迷−〕：乱れ。혼미해지다 乱れる。−고 〜(し)て 　●일：用、用事 　●과로
하게 된다 〔過労−〕：過労するだけだ。과로하다 とても疲れる。−게 되다 〜(す)ることになる

사람의 말은 곧
사람의 혼이요 정신이요
신이기도 하다

人の言葉は即ち
人の魂であり精神であり
神でもある

金東里（キム・ドンニ、1913〜1995年）
小説家。本名は金始鐘。植民地時代から創作活動を始め、解放後は教育に携わりながら、数々の作品を発表。純文学を追求し、伝統文化をモチーフにした作品を書いた。代表作「巫女図」、「駅馬」、「等身仏」などで最も韓国的な作家と評価されている。（『김동리문학전집33－김동리를 말하다（金東里文学全集33－金東里を語る）』2013）

사람의 말은 곧

사람의 혼이요 정신이요

신이기도 하다

●사람:人 ●말:言葉 ●곧:即ち、まさに ●혼〔魂〕:魂 ●정신〔精神〕:精神 ●신이기
도 하다〔神ー〕:神でもある。신 神。ー이기도 하다 〜でもある

매끈한 돌이나 거친 돌이나

다 제각기

쓸모가 있는 법이다

滑らかな石だろうが粗い石だろうが、
全てそれぞれに
使い道があるものだ

安昌浩（アン・チャンホ、1878〜1938年）
政治家、独立運動家。日本の支配に反対し、近代化を通じて民族意識の高揚と国権回復をはかった民族運動「愛国啓蒙運動」で活躍。1902年渡米後苦学し、1906年に帰国。翌年には独立運動団体の秘密結社である「新民会」組織メンバーに。1911年亡命して再び渡米し1913年民族復興のための「興士団」を結成。1919年「三・一独立運動」の後、上海に渡り、亡命政府「大韓民国臨時政府」に参加し『独立新聞』を創刊。（島山安昌浩記念館）

매끈한 돌이나 거친 돌이나

다 제각기

쓸모가 있는 법이다

무용의 불평만
ム　ヨン　エ　　プル　ピョン　マン

하는 것은
ハ　ヌン　ゴ　スン

아무것도 바꿀 수 없다
ア　ム　ゴッ　ト　パ　ックル　ス　オプ　タ

無用の不平だけ
言っていては、
何も変えることができない

羅蕙錫（ナ・ヘソク、1896〜1948年）
初の女性西洋画家。東京の私立女子美術学校（現、女子美術大学）に入学、22歳の時に
帰国して、1921年に京城（現、ソウル）で女性として初めての個展を開く。個性的な自
分の世界を構築した。「朝鮮美術展覧会」、東京の「帝国美術院展覧会」にも連続入選し
た。作家、詩人としても活躍した。（『나혜석, 글 쓰는 여자의 탄생（羅蕙錫、文章を書
く女性の誕生）』2018）

무용의 불평만

하는 것은

아무것도 바꿀 수 없다

●무용〔無用〕：無用 ●불평만 하는 것은〔不平—〕：不平だけ言っていては。불평 不平。—만 ～だけ。하다 言う、する ●아무것도：何も ●바꿀 수 없다：変えることができない。바꾸다 変える、代える。—ㄹ 수 없다 ～(す)ることができない

サラミ マ ルル チャム ヌン ダ ヌン イ ルン
사람이 말을 참는다는 일은

パ ブル クム ヌン ゴッ イ サン ウ ロ
밥을 굶는 것 이상으로

コ ヨク ス ロン ニ リ ダ
고역스런 일이다

人が話したいことを我慢するということは、
飢えること以上に
辛いことだ

千二斗（チョン・イドゥ、1930〜2017年）
文芸評論家。圓光大学教授。京都の仏教大学で博士号を取得。『韓国現代小説論』
（1969）、『韓国小説の流れ』（1998）などを出版。（エッセイ『삶과 꿈 사이에서（人生と
夢の間で）』1989）

사람이 말을 참는다는 일은

밥을 굶는 것 이상으로

고역스런 일이다

●사람:人 ●말:話したいこと、言葉 ●참는다는:我慢する〜。참다 我慢する ●일:こと ●밥을 굶는:飢える〜。밥 ご飯、食事。굶다 飢える ●이상〔以上〕:以上 ●고역스런 일〔苦役—〕:辛いこと。고역스럽다 辛い

95

아무리 좋은 피를 물려받아도
노력하지 않으면 소용이 없다

いくらいい血（素質）を受け継いでも
努力しなければ意味がない

趙五連（チョ・オリョン、1952〜2009年）

競泳選手。1970年と1974年のアジア競技大会で2種目連覇を果たしたことから「アジアのオットセイ」と呼ばれた。1972年モントリオールオリンピックにも出場。引退後に後進の育成、そして大韓民国水泳連盟及び大韓民国オリンピック委員会の理事を歴任。（『스포츠 인물 열전 21 – '아시아의 물개' 조오련 인터뷰（スポーツ人物列伝21—「アジアのオットセイ」趙五連インタビュー）』2008）

아무리 좋은 피를 물려받아도

노력하지 않으면 소용이 없다

●아무리：いくら、どんなに　●좋은 피：いい血（素質）。좋다 いい、良い　●물려받아도：受け継いでも。물려받다 受け継ぐ。－아도 ～（し）ても　●노력하지 않으면〔努力－〕：努力しなければ。노력하다 努力する。－지 않으면 ～（し）なければ　●소용이 없다〔所用－〕：意味がない

97

(44) 김구 金九

칭찬에 익숙하면

비난에 마음이 흔들리고

대접에 익숙하면

푸대접에 마음이 상한다

称賛に慣れると
非難に心が揺れ
接待に慣れると
冷遇に心が傷つく

金九（キム・グ、1876〜1949年）
政治家、独立運動家。号は白凡。甲午農民戦争に参加。1919年の「三・一独立運動」の後は上海に亡命し、「大韓民国臨時政府」に参加して要職を務めた。抗日運動を指揮し、解放後は南北統一運動を展開した。南朝鮮政府単独樹立を目指す李承晩と対立して暗殺された。（「나로부터 시작（私から始める）」）

칭찬에 익숙하면

비난에 마음이 흔들리고

대접에 익숙하면

푸대접에 마음이 상한다

●칭찬〔稱讚〕：称贊 ●익숙하면：慣れると。익숙하다 慣れる。−면 〜（す）ると、〜なら ●비난〔非難〕：非難 ●마음이 흔들리고：心が揺れ。마음 心、気持ち。흔들리다 揺れる。−고 〜（し）て ●대접〔待接〕：接待 ●푸대접〔−待接〕：冷遇 ●마음이 상한다〔− 傷−〕：心が傷つく。상하다 傷つく

99

고향에 돌아와서
비로소 나의 인생을
뉘우쳐 보았다

故郷に戻って
初めて私の人生を
悔いたんだ

朴木月（パク・モグォル、1915〜1978年）
詩人。本名は朴泳鍾。民謡的なリズムの短い抒情詩が特徴。自然との交感から得られる普遍的な郷愁の美が感じられる作品が多い。1946年朴斗鎮、趙芝薫とともに共同詩集『青鹿集』を発行して以来「青鹿派」詩人といわれた。鄭芝溶は「北に素月がいるのなら、南には朴木月がいる」と評した。（「고향에서(故郷で)」詩集『경상도의 가랑잎(慶尚道の枯葉)』1968）

고향에 돌아와서

비로소 나의 인생을

뉘우쳐 보았다

●**고향**〔故鄕〕:故鄕 ●**돌아와서**:戻って。돌아오다 戻ってくる、帰ってくる。–아서 〜(し)
て ●**비로소**:初めて ●**나**:私 ●**인생**〔人生〕:人生 ●**뉘우쳐 보았다**:悔いたんだ、悔
いてみた。뉘우치다 悔いる。–어 보다 〜(し)てみる

두렵지 않기 때문에

나서는 것이 아닙니다

두렵지만, 나서야 하기 때문에

나서는 것입니다

그게 참된 용기입니다

怖くないから
立ち上がるのではありません
怖くても立ち上がらなければならないのです
それが真の勇気なのです

金大中（キム・デジュン、1924〜2009年）
韓国第15代大統領。朴正熙元大統領と対立し、1973年東京で韓国情報機関に拉致された。1980年逮捕をきっかけに起きた民主化運動（光州事件）で内乱陰謀罪などに問われ死刑判決を受けるが、民主化運動の高まりの中で釈放され、後に公民権回復。1998年に4度目の挑戦で大統領に就任、北朝鮮に対して融和的外交（太陽政策）を提唱。2000年北朝鮮を訪問し、金正日総書記と初の南北首脳会談を実現してノーベル平和賞を受賞。
（自叙伝『다시 새로운 시작을 위하여（再び新しい始まりのために）』1998）

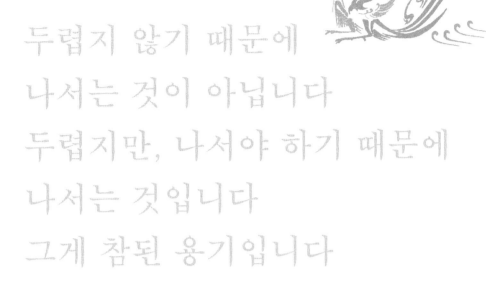

두렵지 않기 때문에
나서는 것이 아닙니다
두렵지만, 나서야 하기 때문에
나서는 것입니다
그게 참된 용기입니다

●두렵지 않기 때문에:怖くないから。두렵다 怖い。－지 않다 ～ではない。－기 때문에 ～だから ●나서는:立ち上がる～。나서다 立ち上がる ●아닙니다:ありません。아니다（～では）ない、違う ●나서야:立ち上がらなければ。나서다 立ち上がる。－어야 ～（し）なければ ●참된:真の、本当の ●용기〔勇氣〕:勇気

47 임화 林和

지상의 시는
(チ サン エ シ ヌン)

지혜의 허위를
(チ ヘ エ ホ ウィ ルル)

깨뜨릴 뿐 아니라
(ッケ ットゥ リル ップ ナ ニ ラ)

지혜의 비극을 구한다
(チ ヘ エ ピ グ グル ク ハン ダ)

地上の詩は
知恵の虚偽を
破るばかりか
知恵の悲劇を救う

林和（イム・ファ、1908～1953年）

詩人、文芸評論家。1927年頃朝鮮プロレタリア芸術家同盟（KAPF）のメンバーに参加。解放後には政界に進出して朝鮮共産党再建運動と建国準備委員会の活動、南朝鮮労働党創党活動などにも参加した。北朝鮮に渡ったが1953年処刑される。（「지상의 시（地上の詩）」『임화 시선（林和詩選）』2012）

지상의 시는

지혜의 허위를

깨뜨릴 뿐 아니라

지혜의 비극을 구한다

●지상〔地上〕：地上　●시〔詩〕：詩　●지혜〔知惠〕：知恵　●허위〔虚偽〕：虚偽、いつわり　●깨
뜨릴 뿐 아니라：破るばかりか。깨뜨리다 破る。ーㄹ 뿐 아니라 ～(す)るばかりでなく　●비
극〔悲劇〕：悲劇　●구한다〔救ー〕：救う。구하다 救う

105

48 이수현 李秀賢

나^ナ는^{ヌン} 나^ナ보^ボ다^ダ 못^モ한^{タン} 사^サ람^ラ을^{ムル}

도^ト울^{ウル} 것^コ이^シ다^ダ

위^{ウィ}험^ホ에^メ 처^{チョ}한^{ハン} 사^サ람^ラ을^{ムル}

도^ト울^{ウル} 것^コ이^シ다^ダ

私は私より困っている人を
助けるだろう
危険にさらされている人を
助けるだろう

李秀賢（イ・スヒョン、1974〜2001年）
「新大久保の義人」。2001年1月26日、JR新大久保駅のホームから線路に転落した男
性を救助しようと線路に飛び降り、電車にはねられて死亡。日本語学校で日本語を学び
「将来は日韓友好の架け橋に」と願っていた留学生の死は大きく報じられた。日韓友好
の象徴的な存在となり、新大久保駅には顕彰碑が設けられている。（「生前遺稿日記帳」）

나는 나보다 못한 사람을

도울 것이다

위험에 처한 사람을

도울 것이다

●나 : 私　●못한 사람 : 困っている人。못하다 及ばない、劣る　●도울 : 助ける〜。돕다 助ける　●위험에 처한〔危險 − 處 −〕: 危険にさらされている〜。위험 危険。처하다 さらされる、置かれる、処する

제아무리 강심장인

남자라 할지라도

자기 부인을

두려워하지 않을 자가

몇 사람이나 있겠는가?

　どんなに度胸のある
　男といえども
　自分の妻を
　恐れない者が
　何人いるだろうか？

柳夢寅（ユ・モンイン、1559～1623年）

文臣、文人。号は於于堂。優れた文章家として知られ、野談（民間に伝わる歴史や軍記などの説話文学）が盛んに行われた当時の物語を集めた野談集『於于野譚』（5巻1冊）を刊行した。（『어우야담（於于野譚）』1960）

제아무리 강심장인
남자라 할지라도
자기 부인을
두려워하지 않을 자가
몇 사람이나 있겠는가?

●제아무리：どんなに　●강심장〔强心臓〕：強い心臓、度胸のある　●남자〔男子〕：男、男性
●자기〔自己〕：自分　●부인〔夫人〕：妻、夫人　●두려워하지 않을：恐れない～。두려워
하다 恐れる。-지 않다 ～(し)ない　●자〔者〕：者　●몇 사람이나：何人も。-이나 ～ほ
ども、～も

사람은 신뢰를 잃으면
절대로 버텨 나갈 수 없다

人は信頼をなくしたら
絶対に耐えられない

尹致昊（ユン・チホ、1865〜1945年）

政治家、教育者。また朝鮮人初の英語通訳。1880年代独立協会、万民共同会の中心人物で独立新聞社の第2代社長。1909年に韓英書院と大成学校の校長を務め、同年新民会に参加。1920年代は延禧専門学校（現、延世大学）・梨花女子専門学校（現、梨花女子大学）の財団理事として活動。解放後、対日協力を非難され自死したとされる。（「윤치호일기（尹致昊日記）」1880年代〜1490年代）

사람은 신뢰를 잃으면

절대로 버텨 나갈 수 없다

●사람:人 ●신뢰〔信賴〕:信頼 ●잃으면:なくしたら〜。잃다 なくす。-으면 〜(し)たら ●절대로〔絶對-〕:絶対に ●버텨 나갈 수 없다:耐えられない、耐えていかれない。버티다 耐える。-어 나가다 〜(し)ていく。-ㄹ 수 없다 〜(す)ることができない

ヌ ナ ペ ソン カ ラン マン ポ ゴ
눈앞의 손가락만 보고

モル リ ット イン ヌン タ ルル
멀리 떠 있는 달을

ポ ジ モ タ ヌン ジャ エ ゲン
보지 못하는 자에겐

ック ミ イッ スル ス オプ タ
꿈이 있을 수 없다

目の前の指先だけ見て
遥かに浮かぶ月を
見ることができない者は
夢を持ちえないのだ

金玉吉（キム・オッキル、1921～1990年）
女性教育者。梨花女子大学の8代目総長、文教部（現、教育部）長官を歴任。（『자유와
날개－김옥길 평전（自由と翼－金玉吉評伝）』2000。1973年11月28日梨花女子大学の
維新独裁反対デモで教え子に伝えたメッセージ）

눈앞의 손가락만 보고

멀리 떠있는 달을

보지 못하는 자에겐

꿈이 있을 수 없다

●눈앞〔ヌ ナプ〕:目の前　●손가락〔ソン カ ラク〕:指先、ここでは爪の三日月を指すと思われる　●보고〔ポ ゴ〕:見て。보다〔ポ ダ〕見る　●멀리〔モル リ〕:遥かに、遠く　●떠 있는〔ット インヌン〕:浮かぶ〜、浮かんでいる〜。뜨다〔ットゥダ〕浮かぶ　●달〔タル〕:月　●보지 못하는〔ポ ジ モ タ ヌン〕:見ることができない〜。보다〔ポ ダ〕見る。ー지 못하다〔ジ モ タ ダ〕〜(す)ることができない　●자〔者〕〔チャ〕:者　●꿈〔ックム〕:夢　●있을 수 없다〔イッスル ス オプ タ〕:持ちえない、ありえない。있다〔イッ タ〕ある、いる

チャル　モッ　トェン　ニ　ルル　コ　チル　ス　マン　イッ　タ　ミョン
잘못된 일을 고칠 수만 있다면

オ　ヒ　リョ　チャル　モ　シ
오히려 잘못이

オプ　ソッ　トン　ゴッ　ポ　ダ　ナッ　タ
없었던 것보다 낫다

過ちを正すことさえできるなら
むしろ過ちが
なかったことよりましだ

李滉（イ・ファン、1501〜1570年）
儒学者。号は退渓、清涼山人。李珥（栗谷）と並んで、朝鮮朱子学における二大儒学者と讃えられる。特に「理」を重視する「主理説」（理一元論）を説いた。「東方の朱子」、「東方の夫子（孔子）」などと言われている。日本の林羅山、藤原惺窩などに影響を与えたと言われる。千ウォン紙幣の肖像画。（栄州郡守に送る手紙、『退溪集』1599）

잘못된 일을 고칠 수만 있다면

오히려 잘못이

없었던 것보다 낫다

●잘못된 일：過ち、過ったこと。잘못되다 過ちを犯す、誤る ●고칠 수만 있다면：正す
ことさえできるなら。고치다 正す、直す。-ㄹ 수 있다 〜(す)ることができる ●오히려：む
しろ ●없었던：なかった〜。없다 ない、いない ●낫다：ましだ、優れている

115

위험한 곳을 과감하게
뛰어드는 것만이
용기가 아니다
묵묵히 나의 길을
가는 것도 용기다

危険な所に果敢に
飛び込んでいくことだけが
勇気ではない
黙々と我が道を
行くのも勇気である

李昌鎬（イ・チャンホ、1975年〜）
囲碁棋士。全羅北道全州市出身で9歳の時に曺薫鉉門下に入り、1986年プロ棋士に。
1989年15歳で世界戦優勝。その後世界歴代1位の世界棋戦優勝21回、国内棋戦優勝
140回を数え、1990年代から2000年代の世界最強棋士と称される。1996年最短で九
段に昇段。（『이창호의 부득탐승（李昌鎬の不得貪勝）』2011）

위험한 곳을 과감하게
뛰어드는 것만이
용기가 아니다
묵묵히 나의 길을
가는 것도 용기다

●위험한〔危險-〕：危険な～。위험하다 危険だ、危い　●과감하게〔果敢-〕：果敢に。과
감하다 果敢だ　●뛰어드는：飛び込んでいく～。뛰어들다 飛び込む　●용기〔勇氣〕：勇気
●묵묵히〔默默-〕：黙々と　●나의 길：我が道　●가는：行く～。가다 行く

コラム

　"人"という字は互いに支えてこそ、立つことができることを表す。言葉は心の響きでもあり魂の器でもある。その意味で文字は、心と魂の贈り物だと言える。実は사람（人）のパッチムㅁを丸めてㅇにすると사랑（愛）になる。人は自分を丸くしてこそ、周りを丸の中に入れて、愛を生むことができるということかもしれない。

　韓国で教師が人生の先輩として生徒たちに強調する正しい生き方は、난사람（名前が出た人、優れた人）や든 사람（知識が入った人、教養人）や된 사람（人になった人、正しい人）になること。一番大事なのは最後の된 사람。言葉では簡単だが最も難しいであろう。そのためか、韓国語には된 사람になっていないという言い方がたくさんある。

　「礼儀がない、しつけが悪い」という意味では예의 없다、버릇없다、버르장머리 없다、싸가지 없다などの類義語がある。

　分別がつくことを意味する철を使った言葉もいろいろだ。例えば、철부지は「分別のない人、わきまえのない人、世間知らず」という意味で、철이 없다、철딱서니가 없다とも言う。その反対語は철이 들다（分別がつく）、사람이 되다（まともな人になる）になるわけだ。

나이는 먹었지만 아직도 철이 없어요.

年はとりましたがまだ分別がつかないんですよ。

　また、생각이 짧다（考えが浅い）、돼먹지 않다（人間ができていない）という表現もある。人は人を理解して受け入れる姿勢が大切で、配慮の心、思いやり、寛容によって支え合って生きていくことを知ることが、何より大事だということだろう。

콩 한 쪽도 나눠 먹는다　　　豆一粒でも分かち合って食べる

　人間は社会的な動物。他人がいないと個人は成り立たない。その意味で韓国語の이웃사촌（遠い親戚より近くの他人）は、隣り同士で親しくなれば、いとこのような関係になることを指す。新鮮で温かみを感じる言葉だ。

第4章

속담・관용구

ソク　タム　　　　クァ　ニョン　グ

諺・慣用句

친구 따라 강남 간다

_{チン グ ッタ ラ カン ナム カン ダ}

友について江南に行く

→ 自分の意志に合わなくても、他人に追随すること

친구 따라 강남 간다

- 친구〔親舊〕：友 ● 따라(서)：ついて ● 강남〔江南〕：江南 ● 간다：行く。가다 行く

옷이 날개다

_{オ シ ナル ゲ ダ}

服が翼だ →「馬子にも衣裳」

옷이 날개다

- 옷：服 ● 날개：翼

호랑이 장가간다

_{ホ ラン イ チャン ガ ガン ダ}

虎が結婚する →「狐の嫁入り」

호랑이 장가간다

- 호랑이〔虎狼－〕：虎 ● 장가간다〔丈家－〕：(男が)結婚する

モ　ル　ヌン　ゲ　ヤ　ギ　ダ

모르는 게 약이다

モ　ル　ミョン　ヤ　ギ　ヨ　ア　ヌン　ゲ　ピョン

모르면 약이요 아는 게 병

知らないのが薬だ／

知らなければ薬で、なまじ知ると心配が増えて害だ → 「知らぬが仏」

모르는 게 약이다
모르면 약이요 아는 게 병

モルヌンゲ　　　　　　モルダ
●모르는 게：知らないのが。모르다 知らない　●약〔藥〕：薬　●아는 게：知ると、知ること
アルダ　　　　ピョン
が。알다 知る　●병〔病〕：病、害

チ　ロン　イ　ド　パル　ブ　ミョン　ックム　トゥ　ラン　ダ

지렁이도 밟으면 꿈틀한다

ミミズも踏まれればびくりとする → 「一寸の虫にも五分の魂」

지렁이도 밟으면 꿈틀한다

チ ロン イ　　　　　パル ブミョン　　　　パプタ　　　　ックムトゥラン ダ
●지렁이：ミミズ　밟으면：踏まれれば〜。밟다 踏む　●꿈틀한다：びくりとする

121

믿는 도끼에 발등 찍힌다

ミン ヌン ト ッキ エ パル トゥン ッチ キン ダ

信じていた斧に足を打たれる → 「飼い犬に手を噛まれる」

믿는 도끼에 발등 찍힌다

●믿는：信じていた。믿다 信じる ●도끼：斧 ●발등：足
ミン ヌン　　　　　　　　　ミッタ　　　　　　トッキ　　　　パルトゥン

●찍힌다：打たれる。찍히다 打たれる
ッチ キン ダ　　　　　　　ッチ キ ダ

하룻강아지

ハ ルッ カン ア ジ

범 무서운 줄 모른다

ポム ム ソ ウン ジュル モ ルン ダ

生まれたばかりの子犬は虎の怖さを知らない

→「怖いもの知らず」

하룻강아지
범 무서운 줄 모른다

●하룻강아지：生まれたばかりの子犬 ●범：虎 ●무서운 줄：怖さ。무섭다 怖い
ハ ルッ カン ア ジ　　　　　　　　　　　　　ポム　　　　　　ム ソ ウン ジュル　　　　　　ム ソプ タ

●모른다：知らない。모르다 知らない、わからない
モ ルン ダ　　　　　　　　　　モ ル ダ

▶ 58

김칫국부터 마신다

キムチ汁から飲む（餅を食べた後に飲むはずのキムチ汁を餅がふるまわれる前に先に飲んでしまう）→「捕らぬ狸の皮算用」

김칫국부터 마신다

●김칫국：キムチ汁 ●마신다：飲む。마시다 飲む

낫 놓고 기역 자도 모른다

鎌を置いてㄱの文字も知らぬ
→「いろはのいの字も知らぬ」

낫 놓고 기역자도 모른다

●낫：鎌 놓고：置いて。놓다 置く ●기역자：ㄱの文字 ●모른다：知らぬ

개똥도 약에 쓰려면 없다

犬の糞も薬に使おうとするとない
→ 取るに足らぬものも必要なときにはないこと

개똥도 약에 쓰려면 없다

●개똥：犬の糞 ●약〔藥〕：薬 ●쓰려면：使おうとすると〜。쓰다 使う ●없다：ない

123

▶ 59

하늘의 별 따기
<small>ハ ヌ レ　ピョル　ッタ ギ</small>

空の星を取ること →「高嶺の花」

하늘의 별 따기

●하늘：空　●별：星　●따기：取ること。따다 取る、摘む
<small>ハ ヌル　　ピョル　　ッタ ギ　　　　ッタ ダ</small>

모난 돌이 정을 맞는다
<small>モ ナン　ト リ　チョン ウル　マン ヌン ダ</small>

角のある石はのみで削られる →「出る杭は打たれる」

모난 돌이 정을 맞는다

●모난：角のある。모나다 角立つ　●정을 맞는다：のみで削られる。맞다 受ける
<small>モ ナン　　　　　　モ ナ ダ　　　　チョンウル マンヌン ダ　　　　　　　　　マッタ</small>

호랑이도 제 말 하면 온다
<small>ホ ラン イ ド　チェ　マル　ハ ミョン　オン ダ</small>

虎も自分の話をすれば来る →「噂をすれば影がさす」

호랑이도 제 말 하면 온다

●호랑이〔虎狼－〕：虎　●제：自分の　●말 하면：話をすれば。말 話、言葉
<small>ホ ラン イ　　　　　　　チェ　　　　マル ハミョン　　　　　　　マル</small>

백지장도 맞들면 낫다

_{ペク チ チャンド マッ トゥル ミョン ナッ タ}

一枚の紙でも一緒に持つ方が楽だ

→ ささいなことでも協力したほうがいいこと

백지장도 맞들면 낫다

- 백지장〔白紙張〕_{ペク チ チャン}：一枚の紙　● 맞들면_{マットゥルミョン}：一緒に持つ方が〜。맞들다_{マットゥルダ} 一緒に持つ
- 낫다_{ナッタ}：楽だ

하늘이 무너져도

_{ハ ヌ リ ム ノ ジョ ド}

솟아날 구멍이 있다

_{ソ サ ナル ク モン イ イッ タ}

天が崩れても出ていく穴はある

→「捨てる神あれば拾う神あり」

하늘이 무너져도
솟아날 구멍이 있다

- 하늘_{ハ ヌル}：天、空　● 무너져도_{ム ヌ ジョド}：崩れても。무너지다_{ム ヌ ジダ} 崩れる
- 솟아날_{ソ サ ナル}：出ていく〜。솟아나다_{ソ サ ナダ} 出ていく、わき出る　● 구멍_{ク モン}：穴　● 있다_{イッ タ}：ある

■▶ 61

식은 죽 먹기

冷や粥食い → 「朝飯前」

식은 죽 먹기

●식은 シグン：冷めた〜。식다 シクタ 冷める ●죽 チュク 〔粥〕：粥 ●먹기 モッキ：食い。먹다 モッタ 食べる、食う

배보다 배꼽이 크다

腹よりへそが大きい → 「槌 つち より柄が太い」

배보다 배꼽이 크다

●배 ペ：腹 ●-보다 ポダ：〜より ●배꼽 ペッコプ：へそ ●크다 クダ：大きい

세 살 버릇 여든까지 간다

3つの癖は80まで続く → 「三つ子の魂百まで」

세 살 버릇 여든까지 간다

●세 살 セ サル：3歳、3つ。살 サル 〜歳 ●버릇 ポルッ：癖 ●여든 ヨドゥン：80歳、80 ●간다 カンダ：行く。가다 カダ 行く

열 길 물속은 알아도
<small>ヨル キル ムル ソ グン ア ラ ド</small>

한 길 사람 속은 모른다
<small>ハン ギル サ ラム ソ グン モ ルン ダ</small>

10尋の水の中を知っていても、1尋の人の心は分からない

→「測りがたきは人心」

열 길 물속은 알아도

한 길 사람 속은 모른다

●열 길：10尋　●물속：水の中　●한 길：1尋　●사람속：人心　●모른다：分からない
<small>ヨル キル　ひろ　　ムルソク　　　　　ハン ギル　　　　サ ラム ソク　　　　モ ルン ダ</small>

둘이 먹다
<small>トゥ リ モク タ</small>

하나가 죽어도 모른다
<small>ハ ナ ガ チュ ゴ ド モ ルン ダ</small>

2人で食べているうち、1人が死んでも気づかぬ

→ 無我夢中になるほど美味しいこと

둘이 먹다

하나가 죽어도 모른다

●둘：2人、2つ　●먹다：食べていて〜。먹다 食べる。－다(가) 〜(し)てから　●하나：1
<small>トゥル　　　　　　　　　モクタ　　　　　　　　　　　　　モクタ　　　　　　　　　　タ　ガ　　　　　　　　　ハ ナ</small>

人、1つ　●죽어도：死んでも〜。죽다 死ぬ　●모른다：気づかぬ。모르다 わからない
<small>　　　　　チュゴド　　　　　　　　　チュクタ　　　　　　　モ ルン ダ　　　　　　　モルダ</small>

編著者紹介

李泰文（イ・テムン）
　詩人。翻訳家。韓国・延世大学国語国文学科卒業、同大学院の修
　士課程修了。
　東京外国語大学大学院地域文化研究科で博士前期課程修了。
　2016〜2017年NHKラジオ「レベルアップハングル講座」講師。
　現在、デジタルハリウッド大学客員教授。慶應義塾大学、大妻女
　子大学、日本大学、戸板女子短期大学非常勤講師。

書いて覚えるハングル名言

2020 年 4 月 10 日　印刷
2020 年 4 月 30 日　発行

編著者 ©　李　　　泰　　　文
発行者　　及　川　直　志
組版所　　Ｐ　ワ　ー　ド
印刷所　　株式会社精興社

発行所　101-0052 東京都千代田区神田小川町 3 の 24
　　　　電話 03-3291-7811（営業部），7821（編集部）　株式会社　白水社
　　　　www.hakusuisha.co.jp
　　　　乱丁・落丁本は送料小社負担にてお取り替えいたします。

振替 00190-5-33228　　Printed in Japan　　誠製本株式会社

ISBN978-4-560-08871-5